Libro sulla sicurezza del corpo per bambini, di Tim

Adrian Laurent

Limiti di responsabilità/Esclusione di garanzia:

Questa è un'opera di fantasia. Nomi, personaggi, luoghi e avvenimenti sono il prodotto dell'immaginazione dell'autore o sono usati fittiziamente. Qualsiasi somiglianza a persone, vive o morte, eventi o luoghi reali è puramente casuale.

Anche se l'editore e l'autore hanno fatto tutto il possibile per assicurarsi che le informazioni contenute in questo libro siano corrette al momento della stampa e durante l'ideazione del libro, in modo da fornire informazioni accurate in merito all'argomento trattato, l'editore e l'autore non si assumono alcuna responsabilità per errori, imprecisioni, omissioni o qualsiasi altra contraddizione ivi contenuta, e con la presente escludono qualsiasi responsabilità nei confronti di chiunque per qualsiasi perdita, danno o disagio causato da errori od omissioni, che questi errori siano il risultato di negligenza, incidenti o qualsiasi altra causa.

Le informazioni contenute in questo libro non hanno lo scopo di, né dovrebbero, essere usate per diagnosticare o trattare qualsiasi disturbo fisico o mentale. Per la diagnosi o il trattamento di qualsiasi disturbo fisico o mentale consultare un professionista abilitato, uno psicologo o un medico. L'autore e l'editore di questo libro non sono responsabili per qualsiasi danno o conseguenza negativi derivanti da qualsiasi preparazione, trattamento, azione o applicazione a chiunque.

Questo libro appartiene a:

Ciao! Io sono Tim. La maggior parte delle volte la scuola è divertente e mi sento al sicuro. Ma oggi qualcosa mi ha fatto sentire a disagio e non sicuro.

Meg mi ha abbracciato. Di solito mi piacciono gli abbracci, ma oggi no. Mi sono sentita a disagio. Conosco le sensazioni che mi dicono che non sono sicura o che non mi sento a mio agio. Il cuore mi batte forte, le mani mi tremano e la pancia mi si ribalta. A volte mi tremano le gambe o mi viene da piangere.

Il mio corpo è mio. È di mia proprietà e scelgo io chi mi tocca. Ho detto: "Basta, non mi piace". Meg si è fermata. "Non ho voglia di abbracciarmi ora. Diamoci il cinque, invece".

"Ok", disse Meg. Prima abbiamo sbagliato e abbiamo riso.

Poi ci abbiamo riprovato
e abbiamo esultato.

Il mio corpo è mio. Se qualcuno mi tocca e non voglio che lo faccia, gli dico: "Basta. Non mi piace". Ma più tardi qualcuno mi ha toccato e quando ho detto basta non si è fermato.

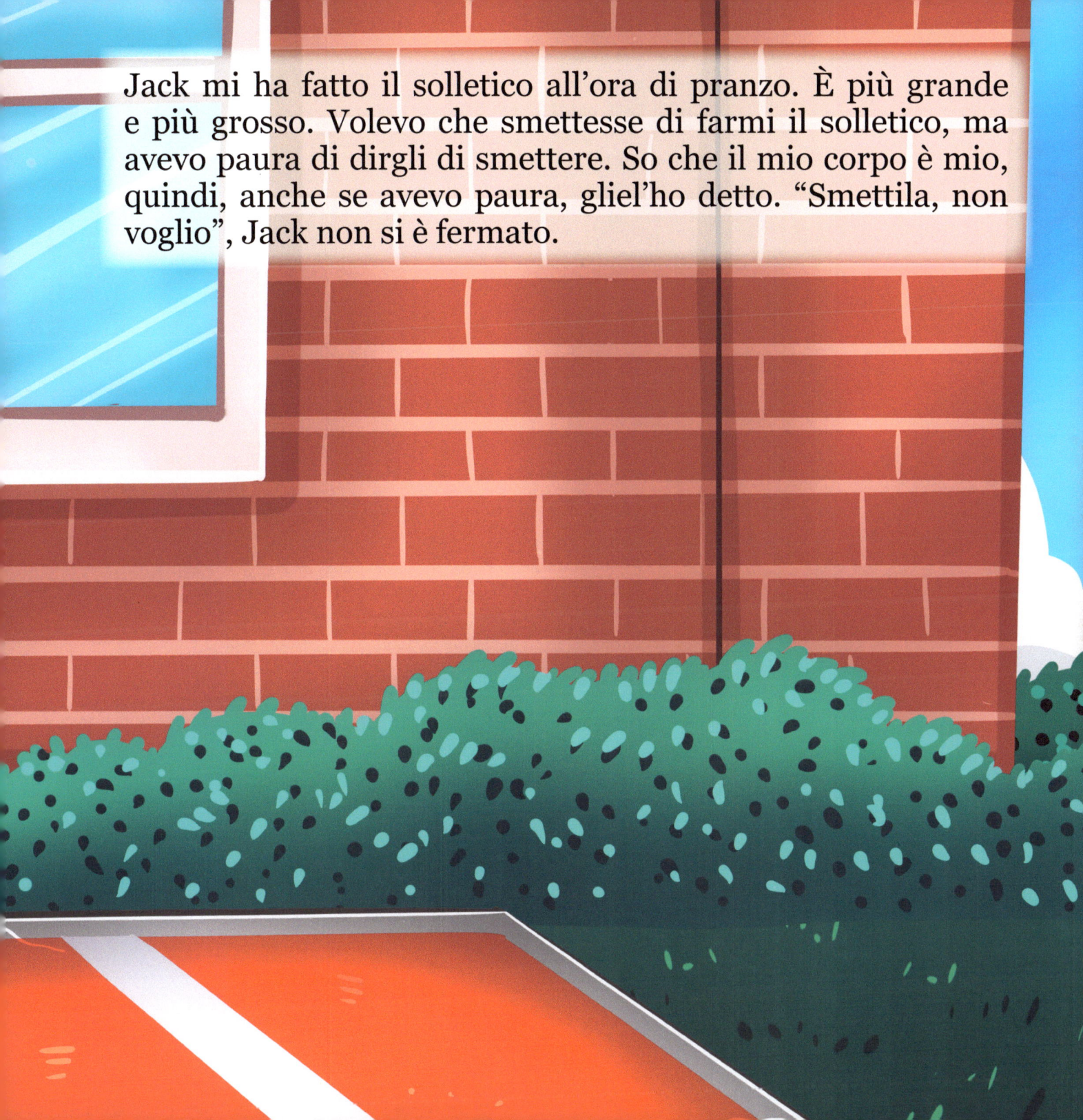

Jack mi ha fatto il solletico all'ora di pranzo. È più grande e più grosso. Volevo che smettesse di farmi il solletico, ma avevo paura di dirgli di smettere. So che il mio corpo è mio, quindi, anche se avevo paura, gliel'ho detto. "Smettila, non voglio", Jack non si è fermato.

Jack ha finalmente smesso di farmi il solletico. Ma non mi ha ascoltato e questo mi ha fatto sentire insicura. So che quando dico basta e la persona non mi ascolta, devo dirlo a un adulto della mia cerchia di sicurezza.

La mia cerchia di sicurezza è un gruppo di adulti che conosco e di cui mi fido. Scelgo se anche le persone della mia cerchia di sicurezza possono toccarmi. Nel mio cerchio di sicurezza ci sono mia madre, mio padre, il mio insegnante, il signor Brown, e la mia vicina, la signora Green. Chi fa parte del vostro cerchio di sicurezza?

Ho detto al mio insegnante Mr Brown che Jack non mi ha ascoltato. Il signor Brown ha detto che ho fatto bene. Anche Jack non era infastidito. Non sapeva come mi sentivo, ma avrebbe dovuto chiederlo.

Sotto la mia biancheria intima ci sono le mie parti intime. Nessuno può toccare le mie parti intime. Uso nomi veri per loro, come pene e sedere, così posso parlarne. Mia sorella dice labbra, vulva e sedere. Anche la mia bocca è una parte privata.

La sera lavo e asciugo le mie parti intime. A volte lo fanno mamma o papà, ma prima me lo chiedono.

Il mio corpo è mio. Scelgo chi mi tocca e mi sento sicura e protetta. Se non voglio essere toccata posso dire "Basta. Non mi piace".

Se ho bisogno di aiuto, chiedo a un adulto della mia cerchia di sicurezza. Proprio come me, il tuo corpo ti appartiene. Sei tu a scegliere chi ti tocca e quando lo fa. Siete voi a scegliere. Sei sicuro di te. Sei al sicuro.

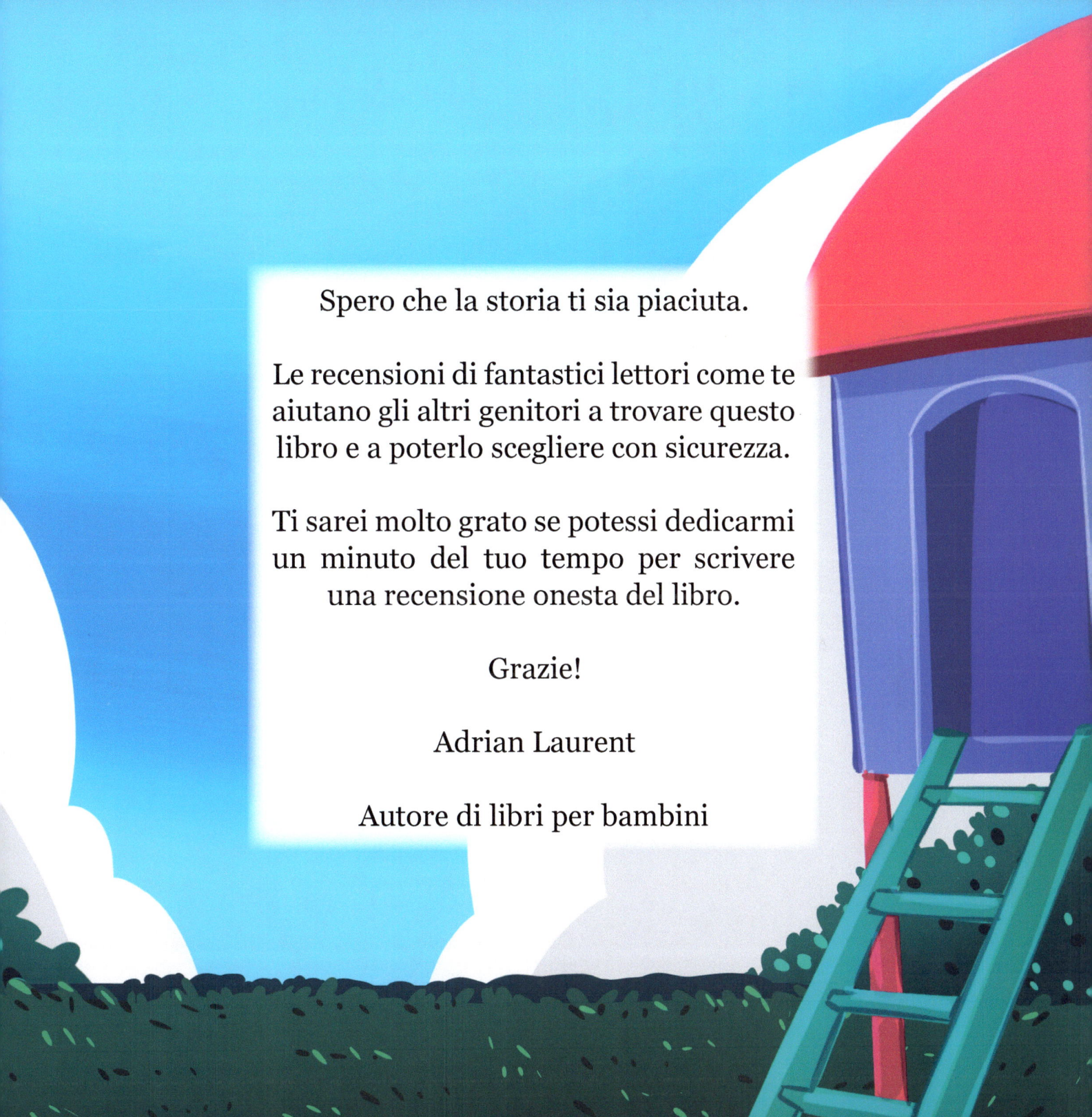

Spero che la storia ti sia piaciuta.

Le recensioni di fantastici lettori come te
aiutano gli altri genitori a trovare questo
libro e a poterlo scegliere con sicurezza.

Ti sarei molto grato se potessi dedicarmi
un minuto del tuo tempo per scrivere
una recensione onesta del libro.

Grazie!

Adrian Laurent

Autore di libri per bambini

CALMARE LA **RABBIA**

Provando Grandi Emozioni

Adrian Laurent

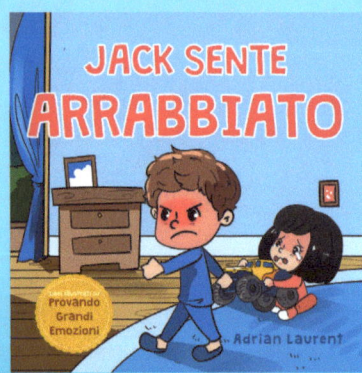

JACK SENTE **ARRABBIATO**

Provando Grandi Emozioni

Adrian Laurent

CRESCITA DI UNA **MENTALITÀ SOLIDA** PER BAMBINI

Provando Grandi Emozioni

Adrian Laurent

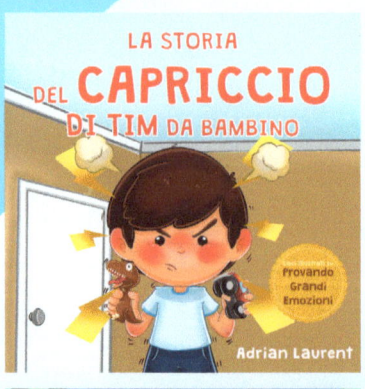

LA STORIA DEL **CAPRICCIO** DI TIM DA BAMBINO

Provando Grandi Emozioni

Adrian Laurent

BASTA **PICCHIARE, TIM!**

Provando Grandi Emozioni

Adrian Laurent

LIBRO SULLA **SICUREZZA DEL CORPO** PER BAMBINI

Provando Grandi Emozioni

Adrian Laurent

LIBRO SULLA **SICUREZZA DEL CORPO** PER BAMBINI, DI TIM

Provando Grandi Emozioni

Adrian Laurent

FRUSTRATO, ARRABBIATO E PAZZO

Provando Grandi Emozioni

Adrian Laurent

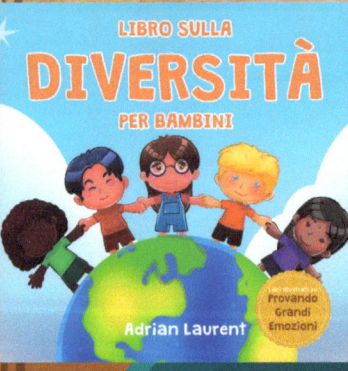

LIBRO SULLA **DIVERSITÀ** PER BAMBINI

Provando Grandi Emozioni

Adrian Laurent

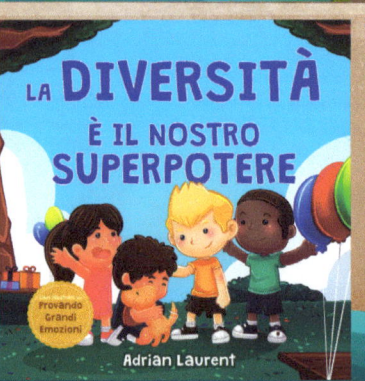

LA **DIVERSITÀ** È IL NOSTRO **SUPERPOTERE**

Provando Grandi Emozioni

Adrian Laurent

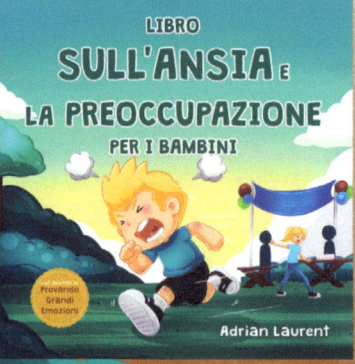

LIBRO **SULL'ANSIA E LA PREOCCUPAZIONE** PER I BAMBINI

Provando Grandi Emozioni

Adrian Laurent

POSSO **AIUTARE** LA MIA **ANSIA**

Provando Grandi Emozioni

Adrian Laurent

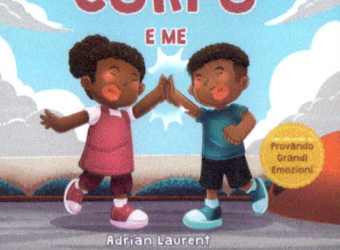

I CONFINI DEL **CORPO** E ME

Provando Grandi Emozioni

Adrian Laurent

Collezionali tutti

www.ingramcontent.com/pod-product-compliance
Lightning Source LLC
Chambersburg PA
CBHW041601120626
46551CB00002B/281